大家小小书
篆刻　程方平

中国历史小丛书

新编历史小丛书

新编历史小丛书

武则天

汪篯 著

北京出版集团
北京人民出版社

目　　录

《武则天》是汪篯同志1962年11月11日给中共中央高级党校一九六一班所做报告的记录，党校印发时，作者仅做了文字上的订正。

一　从入宫到做皇后

对封建时代的统治人物的评价应当从大的方面着眼，加以肯定或否定。我认为，武则天是应当从基本上加以肯定的人物，因为她对当时社会的发展起了推动作用，对扫除旧势力也起了重要的作用。但是，这并不等于说，她是有意识地要推动社会前进，她的一切活动只是为了做成皇帝，统治全国，她只是在夺取政权和保持政权的斗争中，不知不觉地做了一些符合客观要求的事。她是一个封建统治者，如果说她从政策到生活一切都是好的，那就不符合客观事实了。在封建帝王的家族中，发生骨肉相残的事，这是习见的。关于这一点，我们在前面谈玄武门事变时，已经做过一些分析。在我们弄清封建帝王争权夺利、尔虞我诈的阶级本性以后，对于唐太宗杀哥哥，武则天杀儿子，就不会感到惊异了。武则天是一个女子，在封建社会里的男权统治下，要想做皇帝，是万分困难的。当然她的称帝也是时机造成的，但手腕上若没有两下是不可能的。武则天是中国历史上唯一的女皇帝，有人说她是第一个女皇帝，这是不确切的。难道说中国历史上还有第二个？没有。西太后不能算数，吕后也不能算数。武则天公开宣称自己是皇帝，改了朝代，公开宣布打破男权观念。尽管六十多岁了，还搞了许多男妃子，男女混杂，满不在乎。有人公开谏阻，说外面流传许多丑闻，搞得太不像话，责备她荒淫，要她爱惜身体。

武则天

她不但不发脾气，不杀他，反而给以赏赐，说这是真正爱护我。汉代的吕后、清末的慈禧，都只不过是太后专权而已，真正的女皇帝只有她一个。

武则天能够称帝的原因不外两条：一是时机；一是进行了艰苦的斗争。在这里，没有问题要用许多阴险毒辣的手段，但这些并不是评价武则天的主要问题，主要是看她在历史上起了什么作用。我们不能像对共产党的领袖一样，要求她从马克思主义理论直到私生活都是正确的。对封建统治者，是谈不到这一点的。其实，历史上这类事情多得很，正如卫庄公赶走自己的儿子才做成国君一样，武则天以母杀子也不是什么稀奇的事情。

武则天是怎么入宫的呢？这得从当时的政治状况说起。太宗晚年，立李治（高宗）为太子，在统治集团内部形成了以长孙无忌为首的当权派。高宗初年，武则天是第二次入宫，她第一次入宫是给太宗做“才人”，这时就和高宗发生了一些不清不楚的关系。高宗继位，她又再次被纳入宫，立为昭仪。她这次是如何入宫的呢？入宫后

唐高宗李治像

又如何同长孙无忌等当权派做斗争夺取皇后的地位呢？这又要讲讲长孙无忌当权的政策。他的当权和太宗不一样，太宗是皇帝，当了权就要统治全国，坐稳皇位。长孙无忌是个外戚，外戚当权篡位在历史上有的是。长孙无忌等当了权，就要扩大自己的势力。他们采取了两种做法。在内廷尽量巩固王皇后的地位，在外廷竭力扩大关中军事贵族的力量，排挤别人。从西魏、北周到隋，关中军事贵族一直都是政治上的当权派。武则天和这个贵族集团的关系是微妙而复杂的。她的父亲叫武士彟，很有钱，是山西的大木材商，寒门地主出身。他颇好交结，和官吏们有来往。唐高祖在河东时，曾在他家住过。高祖为太原留守，引用他做行军司铠参军。这时，武士彟曾力劝高祖起兵反隋。高祖起兵时，他帮助高祖克服了王威、高君雅的阻难，后来又随高祖入长安。武德年间，他做到工部尚书，封应国公，从此才成为贵族。他既成为唐朝的开国元勋，也就和关中军事贵族发生密切关系。但这对武则天还不是主要的。武则天的母亲出身于关中很重要的军事贵族之家，外祖父杨士达在隋朝为纳言，是一个宗室宰相。所以，从武则天的母亲来看，是关中的军事贵族。她和关中军事贵族是有一定联系的。武士彟做了开国功臣后，他的原妻相里氏死了，与杨氏联姻是高祖做的媒人。谈到这里，又牵涉到武则天的出生地点的问题。郭老说武则天生于利州，我看不可能。历史上记载武则天的年龄，有几种说法，有的说活到八十三岁，有的说八十二岁，有的说八十一岁，还有一种说法是八十岁。她死在神龙元年（705年），从这一年往上推，如果武则天活到八十岁，就应生于武德九年（626年），如果是八十一岁，则生于武德八年（625年），八十二岁则生于武德七年（624年），八十三岁则生于武德六年（623年）。而武士彟到利州应在贞观二年，因为在武士彟以前任利州都督的李孝常是在贞观元年十二月戊申谋反被杀的，这年十二月是己卯朔，戊申当是腊月三十日。李孝常的事迹很清楚，他是隋朝大臣李圆通的儿子，李圆通是一个很重要的人物，《隋书》有传。唐能取得天下的重要原因之一，是手里掌握了粮食，而李孝常就是华阴令，掌握永丰仓，唐高祖兵临黄河，李孝常降了唐。他的投降，使唐得到永丰仓的大批存粮。李孝常又是窦家女婿，和唐有亲戚关系。郭老怀疑贞观元年正月利州都督李寿谋反被杀，与李孝常的谋反是一回事。他说："再根据《资治通鉴》，于贞观元年正月载利州都督李寿被诛；于同年十二月又载利州都督义安王李孝常谋反伏诛。在同一年中有两个姓李的利州都督谋反被诛，未免太凑巧了。我颇怀疑李寿和李孝常是一个人，谋反在武德九年十二月，伏诛是在第二年贞观元年正月，就很能顺理成章了。”所以他就往上推，说李造反当在武德九年十二月，武则天可能就生在利州。其实，他的怀疑是没有根据的。李寿和李孝常是两个人，李寿的来历，在历史上也是很清楚的，他原名罗寿，即隋大将罗艺的弟弟，罗艺在唐立了大功，赐姓为李，罗寿才改名李寿。建成被杀后，罗艺造反，李寿连坐被杀，此人与李孝常绝无联系。所以，郭老这个说法是不可能成立的。历史记载从无武则天七十九岁之说，武则天最晚应生于武德九年，而不可能生于贞观元年。郭老还提出三个证据，企图证明武则天生于利州。而这三个证据也都不充分。第一个证据是李义山《利州江潭》诗有自注云：“金轮感孕处。”郭老说，“这是说武后生于利州，即今四川广元县。”这条材料可以说明唐人有武则天生于利州的传说，但郭老认为：“李义山是唐代有名的诗人，离武后之死仅一百多年”，根据这个，就可以看出，武则天是生于贞观初年，却不是严密的论断。传说只是传说，文人用传说来写诗作文，是不能据为信史的。李义山距武则天有一百多年，如果没有查考，并不一定确知武则天的年岁。举一个例，白居易《新乐府》的第一首《七德舞》是歌颂太宗功德的。诗里面说："太宗十八举义兵，白旄黄钺定两京。擒充戮窦四海清，二十有四功业成。二十有九即帝位，三十有五致太平。"其实，李渊从太原起兵，即所谓"举义兵"以及夺取长安在大业十三年，太宗已经是二十岁了，第二年就是武德元年，他做皇帝在武德九年，如果十八岁起兵，做皇帝怎能到二十九岁呢？至于他在十八岁时，只是参加打仗，解炀帝之围，与“举义兵”毫不相干。作这首《七德舞》，白居易是用了功力的，他根据的是《贞观政要》，可是他把书中“便为经纶王业”一句含义不明的话改为“举义兵”，就弄错了。当作史诗写的《七德舞》犹且如此，更何况李义山的感怀之作。从来传说很多，像有关诸葛亮、关羽、杨家将等等的传说，当作历史故事听听是可以的，但不能作为判断历史事实的根据。第二条证据，是引用一九五五年出土于广元的《利州都督府皇泽寺唐则天皇后武氏新庙记》碑。那是五代时后蜀立的，而且上面有缺字，其中极重要的“始生后焉”一句的“始生”二字是郭老给它补上的。纵使郭老补对了，碑的建立离武则天死也有二百五十四年，又怎能作为根据呢？第三条证据是《谭宾录》所记袁天罡为武则天相面事，显是后人附会的小说异闻，又没有记年代，更无法凭信。所以，我认为关于武则天的年岁，应当说《资治通鉴》上的八十二岁基本上是对的。郭老说司马光走中间路线。其实不是什么中间路线，而是根据《实录》写的。郭老比较相信稗官野史，这也未可厚非，但关于皇帝的年龄，我们还应当相信皇家的实录。总之，我的看法是：武则天活了八十二岁，生于武德七年，是武士彟在长安时生的。

武则天和关中军事贵族是有联系的，但她不是典型的关中军事贵族，没有王皇后那样典型。王皇后是北周大将王思政的后代，她的叔祖母是唐高祖的妹妹同安长公主，她的母亲姓柳，舅舅就是柳奭。正因她和唐室是老亲戚，长孙无忌也是唐室的亲戚，所以王皇后和长孙无忌的关系很深。长孙无忌也正为此，处心积虑要巩固这个典型军事贵族家庭出身的皇后的地位。

从高宗即位到武则天立为皇后以前的一段时间里，当宰相的有两类人：一类是太宗时旧相；一类是新提拔的，旧相如长孙无忌、褚遂良、张行成、高季辅、李勣，新的如于志宁（西魏八大贵族于谨之后）、宇文节（鲜卑贵族，曾祖宇文瓌是北周大官）、柳奭（王皇后的舅舅，先人柳庆，西魏时为相）、来济（隋大将来护儿之子）、崔敦礼（关中士族，曾祖崔猷是西魏重要将领）等，全是关中军事贵族。说明是有意扩大关中军事贵族力量。

武则天第一次入宫，做太宗的才人，《通鉴》据武则天死年八十二，十四岁入宫，以之系于贞观十一年（637年），大概也是对的。贞观十年时，长孙皇后死了，太宗很寂寞，听说武则天漂亮，就召进宫来。那年太宗四十岁，武则天才十四岁。太宗是五十二岁死的，那时武则天只有二十六岁，便随太宗其余妃嫔寄身感业寺（《长安志》上说为安业寺）为尼。而高宗大概是在永徽元年（650年）或二年，趁太宗忌日，入感业寺烧香，碰见了武则天，两个人都感伤落泪。于是就把她召进宫去。她的进宫，大概在永徽元年或二年，不可能在永徽三年以后。她入宫的日期当在太宗忌日（五月二十六日）以后，但她的长子太子弘是永徽四年正月出生的。所以，武则天第二次入宫不可能在永徽三年的五月二十六日以后。第二个儿子太子贤，是在她和高宗一起为太宗上坟，途中生下来的。历史记载生于永徽五年十二月十七日。这一年是闰五月。武则天在做皇后之前还生了一个女儿。从当时发生的一系列事件推断，这个女儿只能生于永徽四年年底或五年年初。那么，太子贤也可能是早产。高宗性格懦弱，很喜欢比他大三岁的武则天，但又舍不得废掉原配的王皇后。武则天想尽办法，他也下不了决心。但武则天要做皇后，就必须把王皇后搞掉，于是她就下了一个毒手。武则天生了女儿，王皇后去看看逗逗，万不料武则天在王皇后走后，竟一下把女儿掐死，反嫁祸于王皇后，对高宗说就是王皇后弄死的。这样一来，高宗对王皇后的感情就破裂了，终于下了废后的决心。中书令柳奭在这时突然提出辞职，最大可能是因为内廷发生大事故，也就是因为王皇后与高宗关系破裂，害怕祸事连累到自己头上。可见，搞死女儿，迫使高宗决心废掉王皇后，是武则天的手段之一。她的第一步活动的目的就是当皇后。为了取得大臣的拥护，她又一度设法收买长孙无忌。她曾和高宗同去长孙无忌家，给长孙无忌的儿子官做，又赏赐了许多金银绸缎。高宗对长孙无忌说，王皇后无子，暗示想立武昭仪为皇后。长孙无忌把东西收下，却仍然坚决反对立武则天为后。武则天又通过自己母亲杨氏去活动，也不行。长孙无忌维护关中军事贵族势力和巩固王皇后地位的政策是十分坚决的。这从他们想立陈王忠为太子也可以看出。这事发生在永徽三年。当时高宗和王皇后都还很年轻，为什么急于立太子呢？可以推断，就是因为武则天这时已怀了孕，王皇后恐怕她生下儿子，立为太子，夺了后位。而陈王忠的母亲刘氏地位既不高，又不为高宗所宠爱，她对王皇后的地位没有威胁。

这件事是柳奭、褚遂良、长孙无忌共同商定的。所以，给长孙无忌多少钱，也动摇不了他的决心。这时，武则天只得另想出路。她找到了一批被长孙无忌排斥的人，这些人就是大臣中不属于关中军事贵族的人，其中主要的有李义府、许敬宗、王德俭、袁公瑜、崔义玄、李勣等人。李义府和刘洎有关系，是长孙无忌的大敌，官居中书舍人。长孙无忌要把他贬到外面去，他同王德俭商量对策（王是许敬宗的外甥，许在太宗时一度为相，到高宗时曾被贬为刺史）。王主张投靠武则天。这一来武则天就得到了一批大臣的拥护。这一批人代表四川、江南、关东等地的破落士族和地主，他们虽非当权派，但人数较多，在朝中也有一定势力，这样就形成了以武则天为首的一股力量。她不再怕长孙那一派了，何况高宗又倾向于立她为后。于是，在永徽六年九月，高宗正式提出废王皇后，要立武则天为皇后。当时，以褚遂良为首的长孙一派坚决反对，褚遂良摆出先帝顾命大臣的老资格，说先帝死时把佳儿佳妇交给了他，他不同意废皇后。要废了她，也得立名门望族的女儿，绝不能立武昭仪，说她是先帝之妃，立她太不像话。武则天一听，他公开揭露自己的短处，就骂起来，说：何不扑杀此獠！李勣那天托病没有参加，高宗在事后征求他的意见，李勣说，“此陛下家事，何必更问外人？”这话说得很厉害，对皇后的废立起了关键性作用，骨子里面是离间高宗与长孙无忌的关系。李勣是开国元勋，他在当时任司空，地位虽高但不握实权，也是受长孙排挤的，因为他有威望，所以他的话起了作用。他这样一表示态度，高宗就决定了立武则天为皇后，废了王皇后。这可以说是武则天为当皇后而玩弄手段的第二步。武则天之所以能做皇后，有几个环节：破坏高宗与王皇后的感情；树立自己的势力，压倒长孙那一派；然后再慢慢破坏以长孙为首的当权派与关中军事贵族的力量。她先把褚遂良搞掉，然后把韩瑗、来济排挤出去，最后费了几年工夫，才把长孙无忌搞掉，肃清了自己的政敌。

二　从皇后到做皇帝

武则天又是怎样做成皇帝的呢？她所处的时期是一个特殊时期。在当时，门阀地主已经衰落下去，普通地主的力量还没有发展到成熟的程度。从太宗到武则天做皇后有三十年，到她做皇帝，经过了五十年。在这三五十年中间，正在兴起的代表封建制度本身的普通地主的力量有了很大的发展。它们是顺着两条道路发展起来的：一条就是通过军功取得勋田而起家的；另一条是通过农村中贫富分化的道路发展上升的。关东地区生产关系比较先进，普通地主的力量也比较发达，许多农民、小地主不服兵役，上升很快，经过三五十年，大批新兴的普通地主发展起来了。他们在各方面都要求有所表现，在政治上要求地位，在社会上要有所作为，要求通过各种方式表达他们的抱负。恰恰在这时，唐诗发展到了很高的水平，过去的贵族文学，已经不能体现和表达这些新兴普通地主的愿望和抱负了。他们要求打破贵族的传统，用新的形式来表达自己的感情。如陈子昂等，他们不满意贵族荫袭做官的制度，也不满意门阀制度，希望朝廷破格用人。于是到朝廷应选的，由数千人增到万余人。这是社会发展和进步的结果。在这种新的客观形势下，武则天就下了很多功夫笼络人心，做了几件事。首先是把《氏族志》改为《姓氏录》。《氏族志》是太宗时修的，当时虽然规定按唐朝官爵高下做等级，但是修订的人士族观念还很浓厚，尽管都是贵族，他们总要考一考他是否士族，像武则天家就不叙其本望，而在《氏族志》所包括的二百九十三个姓、一千六百五十一家中，却有不少官职很低的旧士族。因此，武则天很不满意它，经许敬宗、李义府建议，重新修改为《姓氏录》。《姓氏录》完全采用唐代的官品为标准，以五品作为一条界线。凡五品以上的，不管是否士族都写进去，共有二百四十五姓、二百八十七家，这样就把大批的地方望姓都取消了，五品以上的尽管有很多当时认为的浊流官，也都列了进去。这样一来，就直接地打击了地方豪强望姓的政治势力，笼络了以军功取得高品官的普通地主，因而取得了这批人的拥护，实质上代表了普通地主的利益。第二，是增进士，开制科。唐代的进士科是每年都有的，考取了进士还要经吏部考试才能做官，做了官后就不准再考了。制科就是应皇帝临时的需要而开设的，名目都是按皇帝的意旨选定的，如贤良方正科、下笔万言科、博学宏词科。有一个科很奇怪，叫作“不求闻达科”。曾经有个笑话，说有个人在路上碰到好友拼命打马飞跑，问他忙什么？他说要到长安去考“不求闻达科”，这不是笑话吗？制科考职后，不需要经吏部考试，立刻可以做官；而且现任官吏也可以报考，考了再提升官阶。武则天从做皇后到做皇帝的五十年间，进士增加了百分之五六十，殿试考试诗赋、杂文，也是这时萌芽的。广开制科，大增进士，是适应新兴地主阶级的要求的。第三是在宫廷中召集大批文人学士，大量修书，当时人称他们为“北门学士”。武则天还利用这一批人批改诏令，从而逐渐地把宰相权也抓到了自己的手里。

如上所述，武则天登上帝位，是通过种种办法，取得普通地主的支持和拥护的。这些普通地主想做官，武则天就给他们开路，开的路子越广，他们也就越加拥护武则天。在这种情况下，她做皇帝就十拿九稳了，因为普通地主给她提供了比较广大的社会基础。于是公元683年高宗死后，武则天就很容易地废了自己的第三个儿子中宗（李显），立自己的第四子李旦做傀儡皇帝，即睿宗，自己听政。到了公元690年（天授元年），索性自己称帝，改国号为周，降睿宗为皇嗣。原来的太子贤早已被废，有人怀疑，太子贤不是武则天所生，是她姐姐生的。这种说法，是没有什么根据的。武则天共生了四个儿子，长子李弘，二十四岁时死了，据说是被武则天毒死的。次子就是李贤，三子李显（哲）为中宗，四子李旦，就是睿宗。武则天自己要做皇帝，当然不能把长子留下；太子贤已经年长，如果当皇帝，就要反对他的母亲——武则天。武则天把他废了，先流放到巴州。但在高宗死后，矛盾更加突出了。她想自己临朝称制，一旦有人反对，李贤很可能被卷进去，所以，武则天就在高宗死后第二年——公元684年（光宅元年）派丘神勣去巴州把他杀了。我想这件事是武则天授意干的。有两件事可以为证：一是唐正史记载李贤怕母亲（武则天）杀他，被立为太子后，曾作《黄台瓜辞》，命乐工歌唱。歌词是：

种瓜黄台下，瓜熟子离离。

一摘使瓜好，再摘令瓜稀，

三摘犹尚可，四摘抱蔓归。

这是写给武则天看的，向她暗示：

章怀太子（李贤）墓壁画

如果把几个儿子都杀掉，对你自己也没好处。当然，《黄台瓜辞》的真实性也不是完全无可怀疑的。另一个证据是：这一年在扬州发生了徐敬业、骆宾王起兵声讨武则天，拥护中宗复位的事。他们后来还找了一个人冒充太子贤。可见太子贤如果不死，肯定会有人要拉他出来反对武则天。武则天也明明知道那些关中军事贵族一定会利用太子贤来反对自己，因此，她在这一年搞掉太子贤是完全有道理的。

我对郭老是非常尊敬的，郭老对我国史学的贡献很大，他是中国最早运用马克思列宁主义来具体研究中国古代史的人。但是，在一些具体的学术问题上，我有些和郭老不同的意见。郭老说政治斗争是残酷的，李贤与武则天势不两立，这些都是对的；但对武则天，郭老说她杀李贤用不着费这么大的周折，否则，就“未免太迂阔了”。我感到不能同意这种说法。如果大权在握，就可以不顾一切，任意滥杀，秦桧也用不着讲什么“莫须有”了。武则天要是公开杀掉自己的儿子，最低限度总得引起舆论的责难吧，还是得找点罪名才能杀掉嘛！

其实，因为争夺皇位而杀掉自己的儿子，这在封建帝王身上并没有什么可怪的，也不见得有这一条就把武则天说成小人了。在封建统治集团内部争权夺位的斗争中，近亲变成仇敌又有什么可奇怪的呢？至于说裴炎想做皇帝，这更是不可想象的事。裴炎是个保守派，也很有权谋，他是反对武则天掌权的。但说他要做皇帝，却不大像。在这个问题上，郭老又是过分相信小说了，事实上，记载裴炎想做皇帝的《朝野佥载》一书的作者张鷟是个无行文人，在《朝野佥载》里攻击武则天一朝政治的东西多极了，如果光相信那一类东西，岂不是要把武则天全部否定了吗？我认为司马光的分析还是对的，这是要杀裴炎的人故意给他加上的罪名。

武则天做了皇帝之后，为了收拾人心，除举办更多的制科，录取更多的进士外，更加破格用人。只要有人上书，文章写得好，她就给官做。在她临朝称制那一年，有一天就选了一百三十多人，做拾遗、补阙等官。唐太宗时，中央的官吏不过六百四十多人，她一天就用了一百三十多，真是不得了。她还打击了许多反对派贵族官僚，奖励告密，杀了唐代宗室贵族几百人，大臣几百家。杀的人，主要是关中军事贵族（当然也包括了一部分普通地主），对社会发展起了一定的作用，这一点是要肯定的。在隋朝时关东的经济形势逐渐发生变化，普通地主成长起来，所以隋末关东有大量农民起义。而当时关中的生产关系比较落后，部曲、佃客、奴隶这些旧制度还严重存在。唐代以来，关中也有较大发展，农民要求摆脱佃客、部曲等人身奴役制度。武则天这样做，把关中地区的军事贵族大部消灭了，使经济关系发生了变化。在这以后，部曲佃客制在黄河流域大大削弱了，关中也起了变化，对社会生产起了促进作用。所以，我们对于武则天的评价，主要应当肯定她的做法在客观上符合历史发展的趋势。可以肯定的有两点：一、她帮助了普通地主的兴起，进一步打击了大地主、豪强地主；二、基本上消灭了关中地区的军事贵族的部曲佃客制，为封建社会的进一步发展开辟了道路。凭这两点，就可以充分肯定武则天。至于她用了什么手段，那是次要的问题。作为文学、戏剧，写她杀掉许多贵族，推动社会发展等等不好写，但作为历史实际来处理，就应和文学处理有所不同。对封建统治者，不要按好人坏人这个观念来区分他们，主要看他们对历史起了推动作用还是阻碍作用。对武则天是如此，对曹操也是如此。当然，他们不会像马克思主义者那样自觉地利用社会发展规律为社会谋福利，他们主观上不过是为了做皇帝。

武则天遗留下来的问题，大体上有这样几个：

武则天统治的时候，政治比较

稳定，人口增加较快，永徽三年（652年），全国三百八十万户，到神龙元年（705年）的四十多年间增加到六百一十五万户，平均每年增长百分之零点九一，在封建社会里，这是很大的数字。中华人民共和国的人口增长率是每年增长百分之一点五，但我们现在的条件比那时好多了。可是，武则天时代的政治和太宗时还是不能相比的，因为离农民战争的年代较远。她大修宫殿，不爱惜民力，当时的边疆民族关系也比较紧张。遗留下来的另一个突出问题，是大量破格用人的后果问题。这方面的措施在社会变动时期起了好作用，但国家支出受到很大影响。在她死后，员外官达二千余人，有的比正官名额多一倍以上，大大增加了人民负担和国家财政的开支。第三个问题：她是个女皇帝，她死后皇位由谁继承？这个问题是必然产生的，因而造成了宫廷内很大的混乱。她想：传位给儿子，武周国号会被取消；给侄子吧，关系总不如儿子。武则天杀了她两个大儿子，小儿子还是留下了。这么一来，儿子、侄子、女儿都想做皇帝，下面还有大批人想往上爬，你靠武家，我靠李家，你靠儿子，我靠女儿。因此，在武则天被推翻之后，韦后杀了中宗，玄宗又杀了韦后；睿宗做了皇帝以后，太平公主又把持权柄，动摇玄宗的地位，玄宗又消灭了太平公主。在这短短的八年半之中就先后发生了七次宫廷政变。皇帝换来换去，一批人上了台，就有一批功臣跟上来，于是就出现了封家封户太多的问题。过去封家很少，武则天统治时开始多封，中宗时的食封家达到一百四十以上，封户达到六十余万丁。封户太多，就加重了对农民的剥削。这些问题都是在玄宗（李隆基）做皇帝之后任用了著名的宰相姚崇、宋璟，采取一系列措施解决的，而主要还是姚崇解决的。玄宗于公元712年即位。当时玄宗的处境是很不利的，与太宗“玄武门政变”后继位时所遇到的困难有所不同。威胁玄宗帝位的人很多，他的地位很不稳定。本来轮不到玄宗做皇帝，是因为他消灭韦后有大功，才立为太子的。他大哥成器，曾为皇太孙，地位很高，还有二哥成义。另一个叔伯哥哥守礼是高宗的长孙，两个弟弟岐王隆

乾陵无字碑

范、薛王隆业在消灭太平公主的事件中都有功劳。这些人都对玄宗的地位有威胁，大臣们也都分别攀附诸王，企图往上爬。玄宗为了稳定自己的地位，看中了姚崇、宋璟。姚崇曾建议让前几个王出去当刺史。范、业为左右率以事太子，太平公主去东都。因此，玄宗想请他为相，但功臣中有人抵制，如张说就抵制得很厉害。玄宗毅然排除了臣下的抵制，重用了姚崇。当他做了宰相后，采取了几条措施，首先把威胁玄宗帝位的诸王都派出去做了刺史，但又不让管地方政事，以免从地方上发动政变。然后，把大臣当中的一些捣乱分子加上罪名，驱逐到南方去。这样一来，玄宗的帝位才稳定下来。等到玄宗继位八年之后，才把那些在外做刺史，但又不管事的兄弟们招回来，给他们规定了几条：只准自己弟兄吃喝玩乐，不准交结大臣，谈论政事。玄宗还做了长枕大被，与诸王同寝共处，击毬、斗鸡、吹笛子，玩得很高兴，可就是不让他们分享政权。姚崇的第二条措施是发展生产，减轻人民负担。第三条措施是，此后再也不破格用人了，一律按规定用人，但和武则天的政策基本精神一致——仍然用普通地主，开科取士，不过有了一个规章制度，不得滥用了。同时不准食封之家直接向封户征税，并减少封户。武则天大举兴修的佛寺也完全停止了。这样做的结果，就把武则天统治时遗留下来的偏向和缺点基本上纠正了，但路子还是顺着她的走，从而就在历史上出现了“开元之治”。

出版说明

“新编历史小丛书”承自20世纪60年代吴晗策划的“中国历史小丛书”，其中不少名家名作是已经垂之经典的作品，一些措辞亦有写作伊初的时代特征。为了保持其原有版本风貌，再版过程中不做现代汉语的规范化统一。读者阅读时亦可从中体会到语言变化的规律。

新编历史小丛书编委会

图书在版编目（CIP）数据

武则天 / 汪籛著. — 北京：北京人民出版社，2019.5
（新编历史小丛书）
ISBN 978-7-5300-0399-2

Ⅰ. ①武… Ⅱ. ①汪… Ⅲ. ①武则天（624–705）—传记 Ⅳ. ①K827=421

中国版本图书馆 CIP 数据核字（2019）第 050754 号

责任编辑 严 艳 王铁英
责任印制 陈冬梅

新编历史小丛书

武则天

WU ZETIAN

汪籛 著

出　　版 北京出版集团
　　　　 北京人民出版社
地　　址 北京北三环中路 6 号
邮　　编 100120
网　　址 www.bph.com.cn
总 发 行 北京出版集团
印　　刷 北京汇瑞嘉合文化发展有限公司
经　　销 新华书店
开　　本 880 毫米 ×1230 毫米 1/32
印　　张 2
字　　数 10 千字
版　　次 2019 年 5 月第 1 版
印　　次 2024 年 3 月第 6 次印刷
书　　号 ISBN 978-7-5300-0399-2
定　　价 18.00 元